AF086461

ow

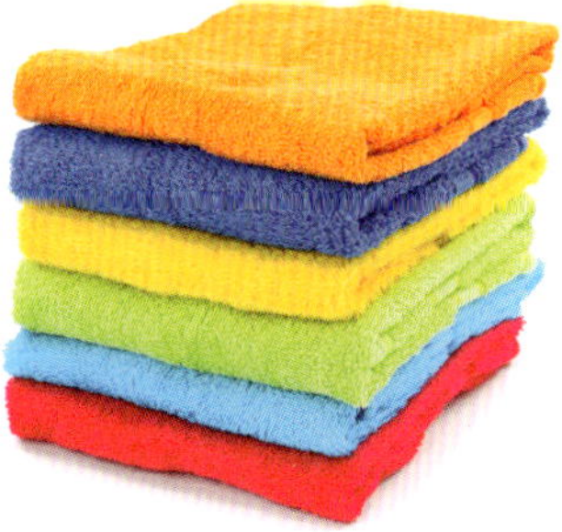

Ransom

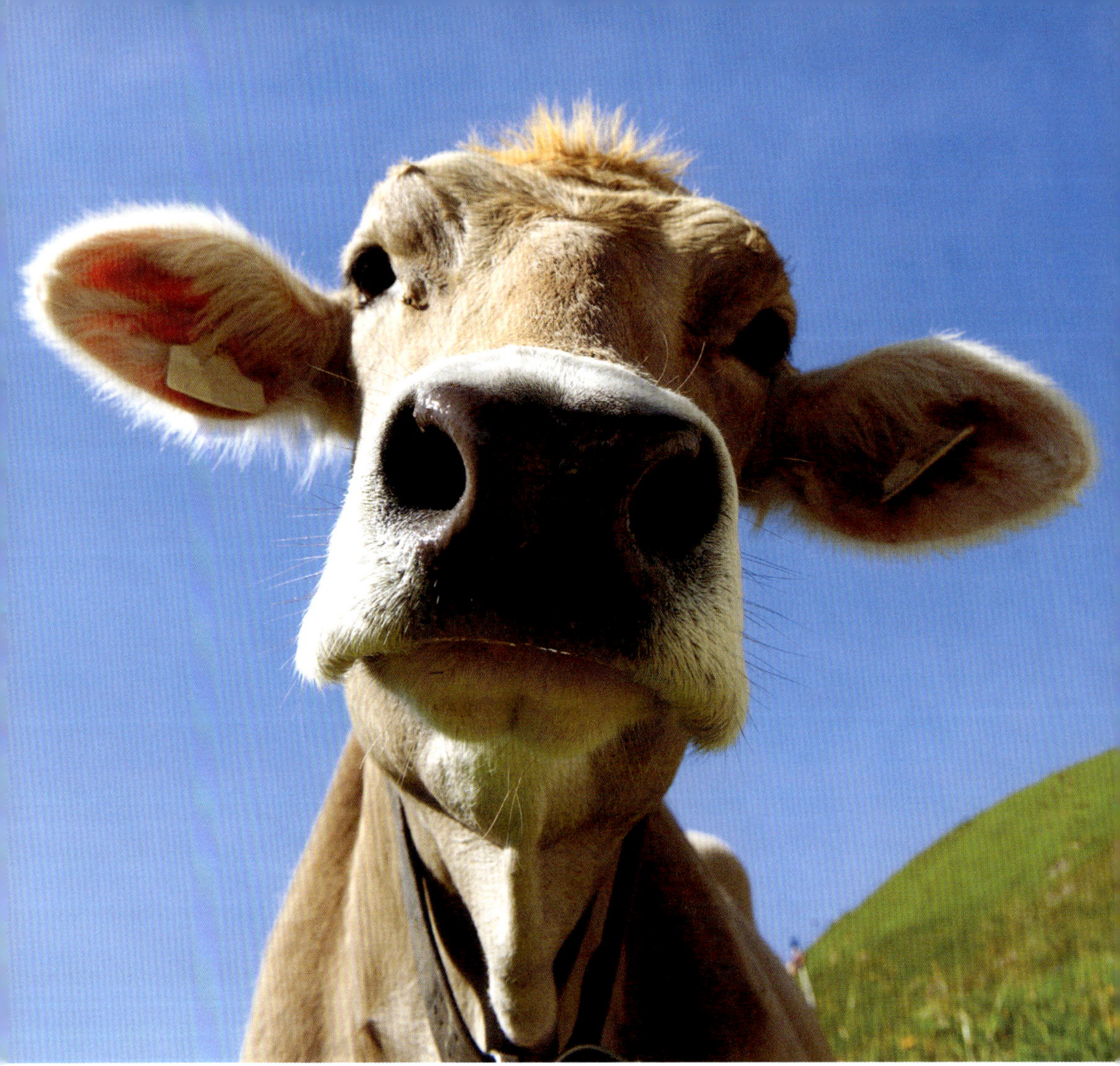

cow

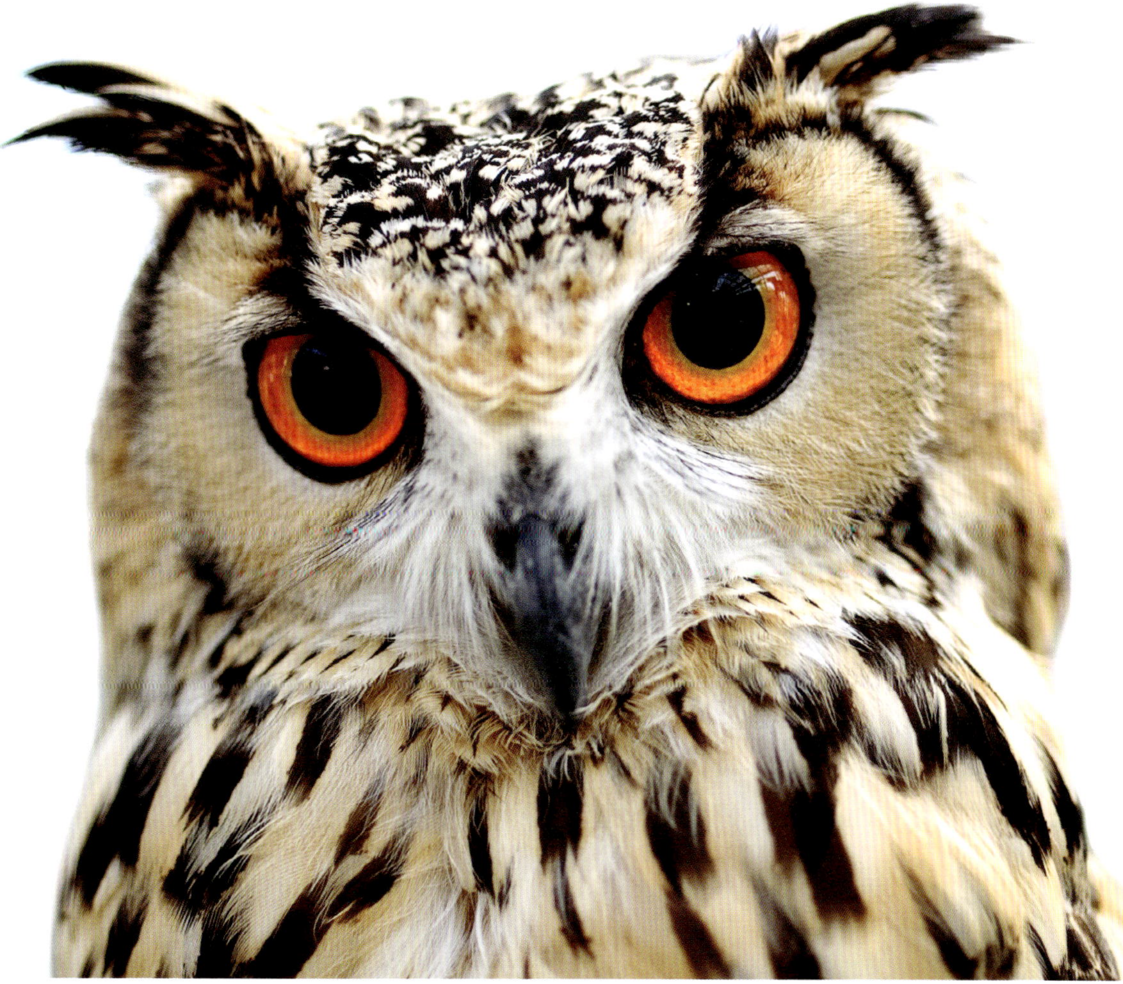

owl

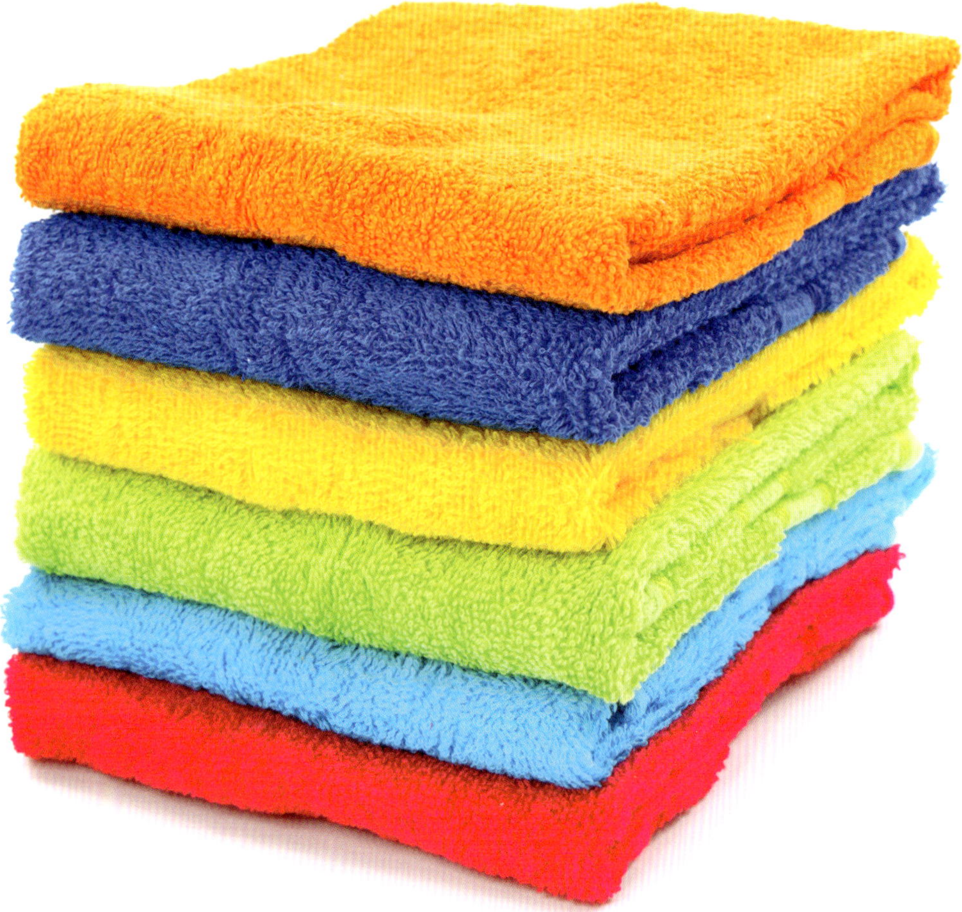

towels

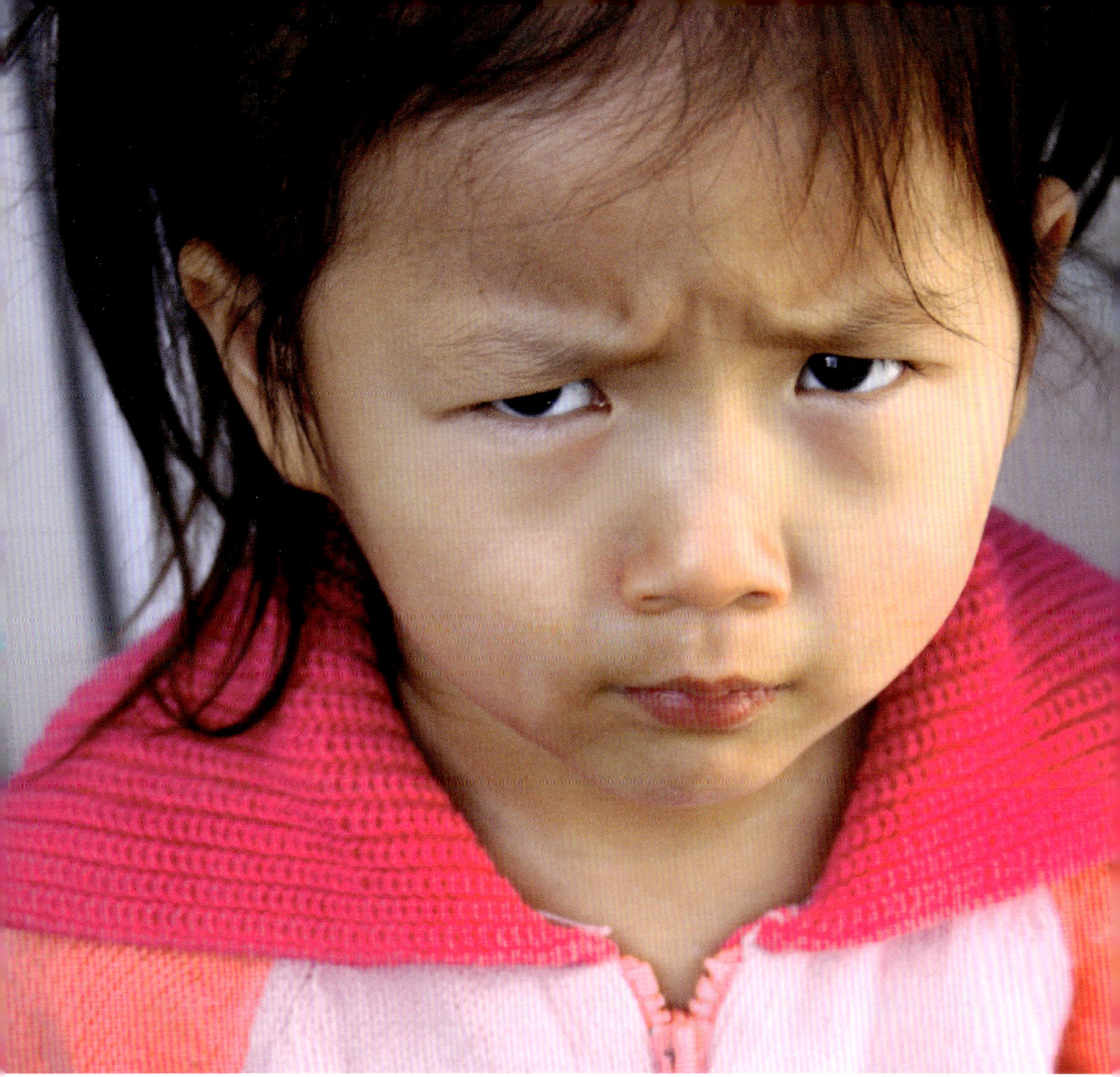

frown

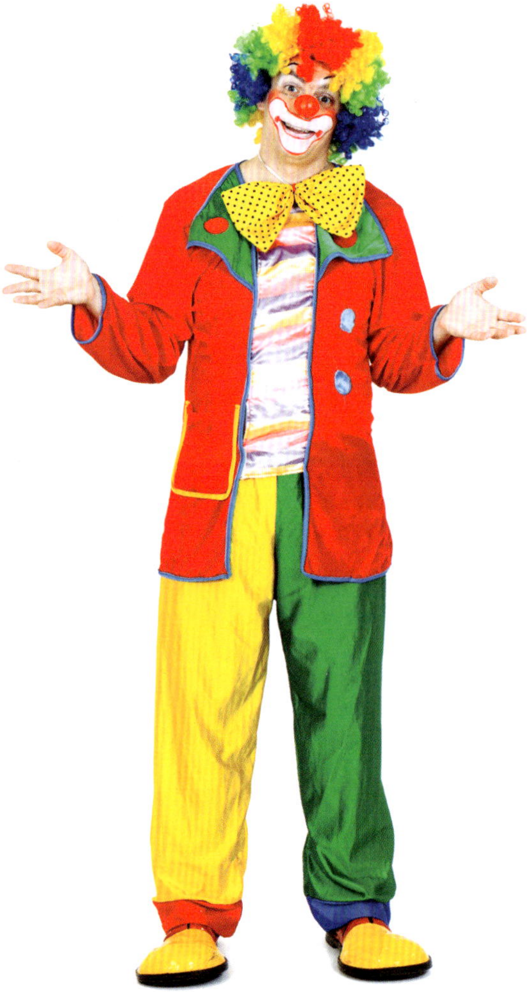

clown

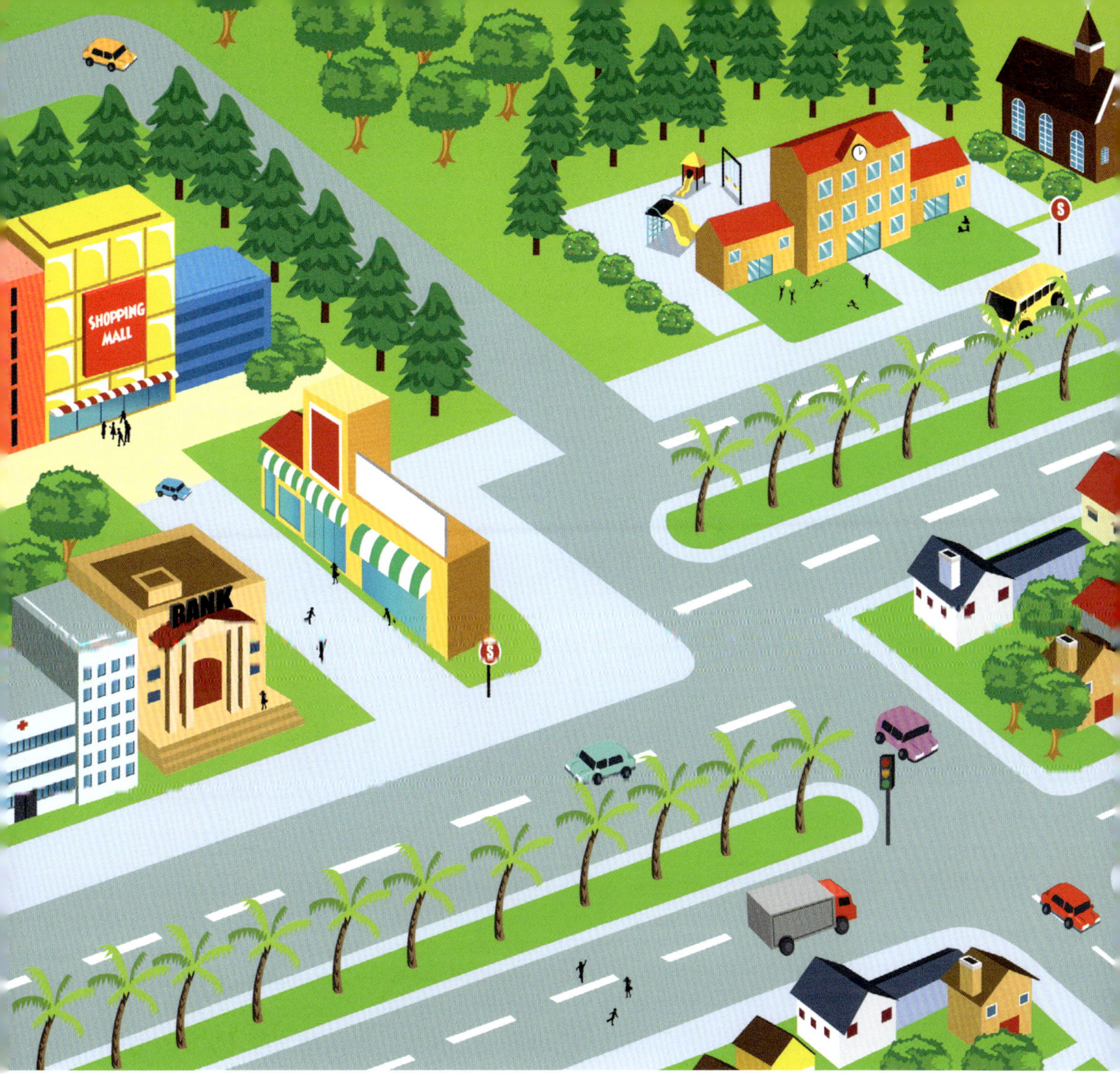

town

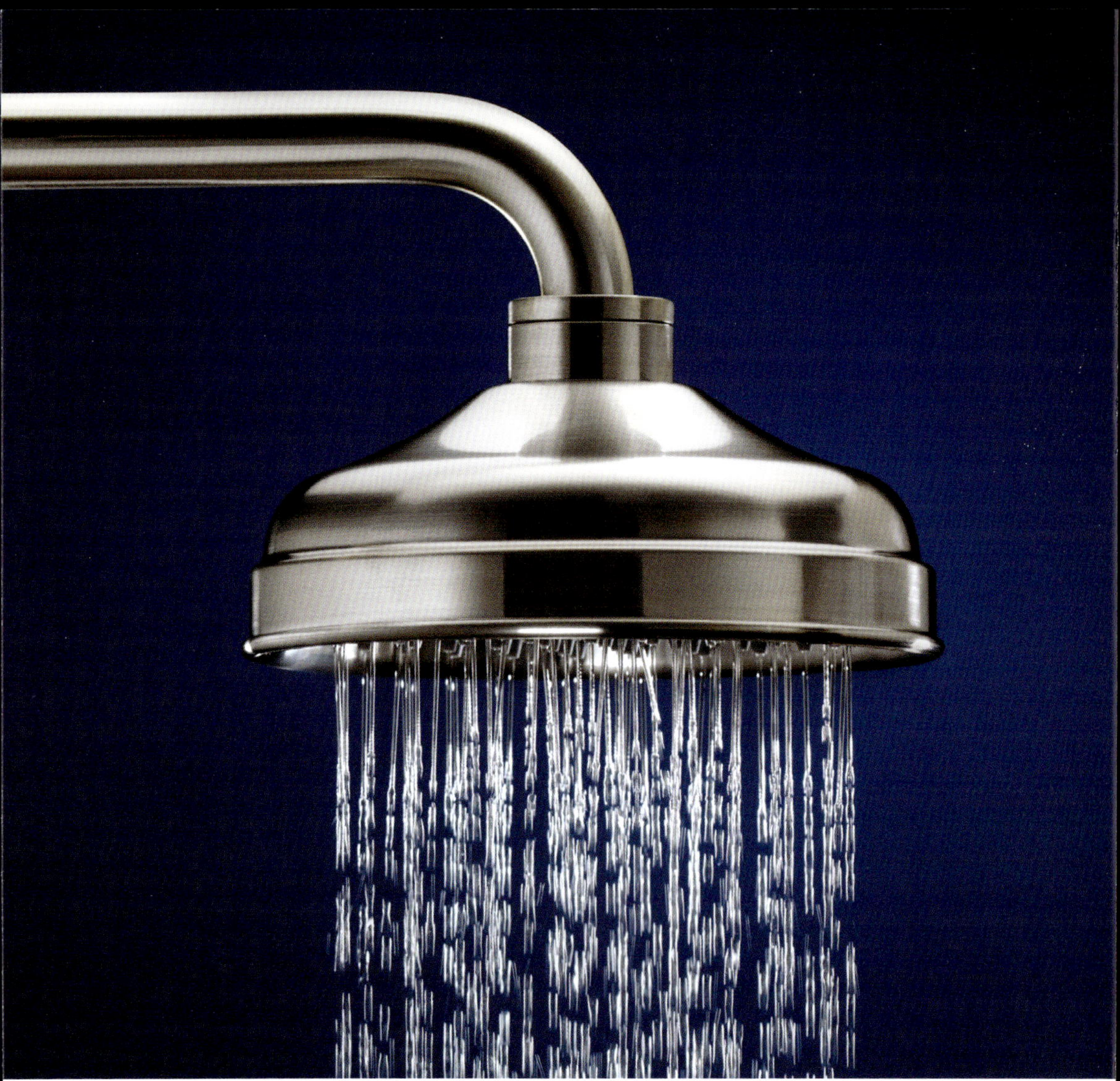

shower

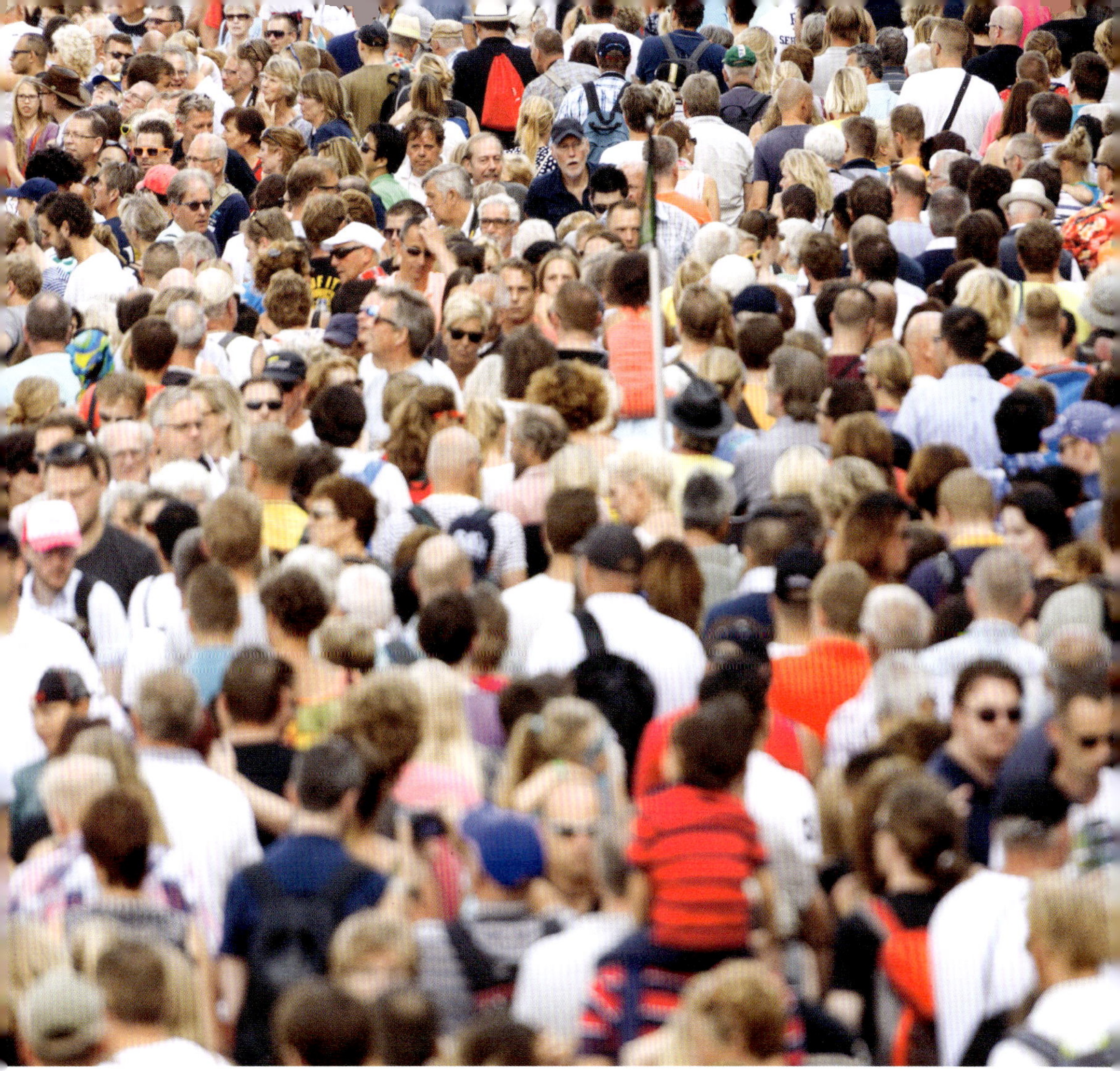

crowd

ow ow

ow ow

ow

cow

owl

towels

frown

clown

town

shower

crowd